Ich freu' mich aufs Büro

Wie Ihre Bewerbung aufgenommen wurde

Yolanda Nave

Ich freu' mich aufs Büro

Ein Ratgeber für den Arbeitsalltag

DuMont Buchverlag Köln

Meinen Eltern, Nick und Dorothy Nave

Wir danken der Firma Rank Xerox
und ihrer Agentur Thoneick & Langer
herzlich für die Überlassung des Buchtitels
›Ich freu' mich aufs Büro‹.

CIP-Titelaufnahme der Deutschen Bibliothek

Nave, Yolanda:
Ich freu' mich aufs Büro/Nave Yolanda. [Aus dem Amerikan.
von Tom Appleton]. – Dt. Erstveröff. – Köln: DuMont, 1991
Einheitssacht.: Welcome to our company ‹dt.›
ISBN 3-7701-2532-0
NE: HST

Aus dem Amerikanischen von Tom Appleton
© der deutschsprachigen Ausgabe:
1991 DuMont Buchverlag, Köln
© 1988 Yolanda Nave
Titel der Originalausgabe: „Welcome to our Company.
Your office manual",
erschienen bei Workman Publishing Company, Inc., New York.

Alle Rechte vorbehalten.
Satz und Druck: Rasch, Bramsche
Buchbinderische Verarbeitung: Bramscher Buchbinder Betriebe

Printed in Germany ISBN 3-7701-2532-0

Inhalt

Die ersten Tage 7

Firmenpolitik 17

Die Firma und Sie 33

Ihre Arbeit 49

Sozialleistungen 79

Die ersten Tage

8 · DIE ERSTEN TAGE

Herzlichen Glückwunsch!
Sie wurden unter Tausenden von Bewerbern ausgewählt, weil Sie für Ihre neue Position die idealen beruflichen und persönlichen Voraussetzungen mitbringen.

DIE ERSTEN TAGE · 9

Nach dem Eintritt in unsere Firma absolvieren alle neuen Mitarbeiter zunächst eine dreimonatige Probezeit.

10 · DIE ERSTEN TAGE

In dieser Zeit werden Sie Bekanntschaft mit Ihren Vorgesetzten schließen

... sich weiterbilden

… und sich behutsam mit den besonderen Gepflogenheiten unseres Hauses vertraut machen.

12 · DIE ERSTEN TAGE

Während dieser Eingewöhnungsphase wird Ihre Abteilungsleiterin wohlwollend Ihre Fortschritte beobachten

... und Ihnen in jeder Lebenslage aufmunternd zur Seite stehen.

Am Ende einer erfolgreichen Probezeit wird der neue Mitarbeiter im Kollegenkreis herzlich begrüßt...

14 · DIE ERSTEN TAGE

und als gleichberechtigtes Mitglied in die innerbetrieblichen Arbeitsabläufe integriert.

DIE ERSTEN TAGE · 15

Firmenpolitik

18 · FIRMENPOLITIK

Unsere Firma fühlt sich dem Prinzip der **gleichen** Behandlung aller Mitarbeiter verpflichtet –

und zwar vom Pförtner bis hinauf zur Geschäftsleitung.

20 · FIRMENPOLITIK

I. CHANCENGLEICHHEIT

Die Angestellten werden allein aufgrund ihrer fachlichen und persönlichen Eignung ausgewählt, ohne Rücksicht auf Alter, Geschlecht, Familienstand oder Abstammung.

II. BÜROSTUNDEN

…werden im Interesse aller Mitarbeiter flexibel gehalten.

III. KLEIDERORDNUNG

In bezug auf Ihre äußere Erscheinung genießen Sie bei uns alle Freiheiten – nur sollten Sie die Grenzen des „guten Geschmacks" wahren!

IV. PRIVATGESPRÄCHE

Von persönlichen Telefongesprächen während der Bürostunden sollten Sie unbedingt Abstand nehmen.

V. RAUCHERECKEN

Für die Raucher haben wir einige gemütliche Plätze reserviert.

VI. BETRIEBSGEHEIMNISSE

Es versteht sich von selbst, daß Firmeninterna mit größter Sorgfalt und Diskretion zu behandeln sind!

VII. MORALISCHE GRUNDSÄTZE

Unsere Mitarbeiter sollten in **jeder** Hinsicht nach höchsten ethischen Prinzipien handeln.

VIII. GEHALTSABSTUFUNGEN

Die Gehälter der Mitarbeiter werden nach individueller Qualifikation und nachgewiesener Leistung festgesetzt.

FIRMENPOLITIK · 25

Allerdings sollte man Leistungen nicht nur am Geld messen.

IX. AUFSTIEGSMÖGLICHKEITEN

Bei der Besetzung von Führungspositionen berücksichtigen wir natürlich geeignete Kräfte aus unseren eigenen Reihen.

X. VERSETZUNGEN

Innerbetriebliche Veränderungen sind bisweilen unumgänglich. Die betroffenen Mitarbeiter werden rechtzeitig informiert.

XI. INTERESSENKONFLIKTE

Nebenerwerbstätigkeiten, die Interessenkonflikte heraufbeschwören könnten, sollten vermieden werden.

XII. POLITIK DER „OFFENEN TÜR"

Die Firmenleitung hat für die beruflichen wie privaten Sorgen und Nöte ihrer Mitarbeiter stets ein offenes Ohr...

und ist für jeden Verbesserungsvorschlag dankbar, durch den sich Störungen des Betriebsklimas beheben lassen.

XIII. KRANKHEITEN UND NOTFÄLLE

Abwesenheiten infolge Krankheit sollten im Jahresdurchschnitt einen halben Tag pro Monat nicht überschreiten.

Mutterschaftsurlaub wird bis zu einer Zeit von acht Wochen nach der Entbindung gewährt.

30 · FIRMENPOLITIK

Urlaub im Bereich der Geschäftsführung wird in Abstimmung mit den Firmeninteressen geregelt.

Todesfälle: Allen Angestellten steht bezahlter Sonderurlaub zu, wenn sich in ihrer Familie ein Todesfall ereignet. Die Länge des Urlaubs richtet sich nach den jeweiligen Umständen.

Längerfristige Abwesenheit

Die Firma und Sie

34 · DIE FIRMA UND SIE

In diesem Kapitel werden Sie über Ihre Pflichten der Firma gegenüber aufgeklärt

DIE FIRMA UND SIE · 35

…und erfahren, was wir alles für Sie tun.

36 · DIE FIRMA UND SIE

Sie sind einem Unternehmen beigetreten, dessen Angestellte sich durch Hilfsbereitschaft auszeichnen...

und durch Begeisterungsfähigkeit.

38 · DIE FIRMA UND SIE

Firmenleitung und Betriebsrat sind ständig bemüht, die Arbeitsbedingungen so angenehm wir nur möglich zu gestalten.

Die Vorgesetzten nehmen großen Anteil an der Lösung jedes Problems, sei es auch noch so klein.

Alles in allem, bieten wir Ihnen eine anregende Atmosphäre für Ihre Karriereplanung und einen...

sicheren Arbeitsplatz.

FIRMENRICHTLINIEN

Anwesenheit. Wir erwarten, daß unsere Mitarbeiter in bezug auf Anwesenheit und Pünktlichkeit höchsten Ansprüchen genügen.

Abwesenheit. Falls sich ein Fehlen dennoch nicht vermeiden läßt, verständigen Sie umgehend Ihren Abteilungsleiter.

Professionelles Auftreten. Ihre berufliche Kompetenz wird häufig nach reinen Äußerlichkeiten beurteilt. Bemühen Sie sich daher stets um ein souveränes Auftreten.

Sicherheitsvorschriften: Wenn Besucher erwartet werden, ist das Sicherheitspersonal im voraus zu verständigen.

Freiwillige Spenden: Hat ein Mitglied der Firmenleitung Geburtstag, kann jeder Mitarbeiter frei entscheiden, ob er sich an einem Geschenk beteiligen will.

Nebenbeschäftigungen. Unsere Angestellten dürfen jederzeit einer Nebenerwerbstätigkeit nachgehen – vorausgesetzt, ihre Leistung am Arbeitsplatz wird dadurch nicht beeinträchtigt.

Disziplinarmaßnahmen. Ein Benehmen, das dem Ansehen des Betriebes schadet, wird disziplinarisch geahndet.

Kündigung oder Entlassung. Über Ihr Ausscheiden ist die Betriebsleitung zwei Wochen im voraus zu unterrichten.

Umgekehrt haben auch Sie Anspruch auf eine rechtzeitige und diskrete Information über Ihre Entlassung.

Ihre Arbeit

Bei seinem Eintritt in die Firma hat jeder Mitarbeiter eine schriftliche Loyalitätserklärung zu unterzeichnen.

Desgleichen sollte sich jeder Neue den bewährten Verhaltensregeln unseres Hauses anpassen ...

und die persönliche Würde JEDES Kollegen respektieren.

IHRE ARBEIT · 53

Bei kluger und besonnener Planung lassen sich alle Arbeiten im Rahmen der gegebenen Arbeitszeit erledigen ...

wenngleich sich ein „wahrer" Profi nie durch eine rigide Zeitplanung in seiner Freiheit einschränken läßt.

IHRE ARBEIT · 55

Von Zeit zu Zeit treten Notlagen auf, die auch einmal Überstunden erforderlich machen.

In diesen Situationen vertrauen wir auf das Verständnis und Engagement unserer Mitarbeiter.

Selbstverständlich wird jede außertarifliche Arbeitsleistung angemessen vergütet.

Wenn Ihre Arbeitsbelastung übermäßig ansteigt, stellen wir Ihnen eine zusätzliche Ganztagskraft zur Seite.

ZWISCHENMENSCHLICHE BEZIEHUNGEN

Auch wenn man noch so guten Willens ist, lassen sich Spannungen im kollegialen Bereich nie gänzlich vermeiden.

60 · IHRE ARBEIT

Die meisten Konflikte lassen sich einvernehmlich lösen...

wobei Ihnen bisweilen ein beträchtliches Maß an Selbstbeherrschung abverlangt wird.

Sie sollten immer bedenken, daß eine positive Einstellung ein Schlüsselfaktor bei Ihrer Bewertung ist...

und sich mit Sicherheit bei der nächsten Gehaltsverhandlung fördernd auf Ihre Erfolgsaussichten auswirkt.

BESPRECHUNGEN

Dienstbesprechungen sind ein wichtiger Bestandteil des Arbeitsalltags und sollten entsprechend ernst genommen werden.

Jede Arbeitswoche beginnt pünktlich montags um 7.45 Uhr mit der obligatorischen Mitarbeiterbesprechung.

Zeitweise fällt auch eine ganztägige Besprechung an

…oder ein „Brainstorming", bei dem Kreativität, Ideenreichtum und Entschlußfreudigkeit eines jeden Mitarbeiters gefordert sind.

68 · IHRE ARBEIT

Manche Besprechungen sind eher persönlicher Natur.

RAUMPLANUNG UND ARBEITSPLATZGESTALTUNG

Arbeitsplätze werden von der Firmenleitung zugewiesen.

Ausschlaggebend sind dabei Prinzipien der Raumplanung und der Verwirklichung humaner Arbeitsbedingungen.

Bequemlichkeit ist dabei ebenso wichtig...

wie ein individuelles Ambiente.

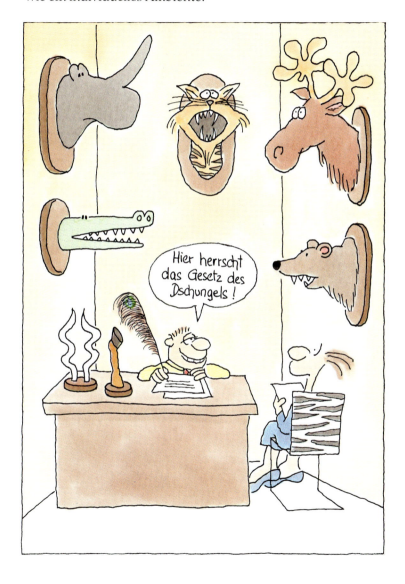

Allzu aufwendige Verschönerungen der Büroräume bedürfen jedoch einer vorherigen Zustimmung der Geschäftsleitung.

Grundsätzlich jedoch ist die Gestaltung des Arbeitsplatzes dem Schönheits- und Ordnungssinn jedes einzelnen überlassen.

BÜROMASCHINEN UND -MATERIALIEN

...dürfen nur für dienstliche Zwecke verwendet werden.

Ein eventueller Fehlbedarf wird durch die täglichen routinemäßigen Nachlieferungen um 10 und 15 Uhr behoben.

POST

Ausgänge. Für Geschäftspost steht ein Frankiergerät zur Verfügung. Porto für Privatbriefe ist monatlich abzurechnen.

Eingänge. Private Korrespondenz wird sofort an den Adressaten weitergeleitet.

SICHERHEIT

Jeder Mitarbeiter sollte Vorgänge, die ihm bedenklich oder gefährlich erscheinen, unverzüglich melden.

KÜCHENDIENST

Der Küchendienst wird im Kollegenkreis geregelt.

FUNDSACHEN

Fundgegenstände sollten dem Abteilungsleiter übergeben werden, der den rechtmäßigen Besitzer ausfindig macht.

Sozialleistungen

Unsere Firma beachtet die gesetzlichen Feiertage...

GRATIFIKATIONEN

und gewährt zu Weihnachten kleine Anerkennungen.

82 · SOZIALLEISTUNGEN

GEWINNBETEILIGUNG

Die Mitarbeiter werden anteilsmäßig am Erfolg des Unternehmens beteiligt, der sich ihrem Einsatz verdankt.

SOZIALLEISTUNGEN · 83

URLAUBSANSPRÜCHE

Mitarbeiter sollten ihren gesetzlichen Urlaub nach Möglichkeit auf die Bedürfnisse des Betriebes abstimmen.

Die Geschäftsführung bemüht sich schließlich auch darum, daß während Ihrer Abwesenheit nichts unerledigt liegen bleibt.

RENTENANSPRÜCHE

Nach 25jähriger Betriebszugehörigkeit kann jeder Angestellte in den vorzeitigen Ruhestand treten ...

und darf für sein Engagement und seine Treue die gebührende Anerkennung erwarten.

MITARBEITERBEISTANDSPLAN (MBP)

Unser MBP stellt Hilfsmittel für jene Kollegen bereit, die durch Streß verursachte Leistungs-, Persönlichkeits- oder Arbeitsstörungen zeigen. Vorboten davon sind:

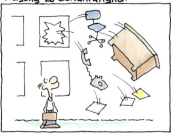

SOZIALLEISTUNGEN · 87

Wenn bei einem Mitarbeiter ein anhaltendes Leistungstief zu beobachten ist…

EINGÄNGE   AUSGÄNGE

88 · SOZIALLEISTUNGEN

sollte er sich vertrauensvoll an seinen Vorgesetzten wenden, um gemeinsam mit ihm Auswege aus dieser Krise zu suchen.

SOZIALLEISTUNGEN · 89

Bei hartnäckigen Symptomen empfiehlt sich ein Besuch beim Betriebsarzt…

oder bei einem anderen Spezialisten.

Zu unserem großzügigen Sozialleistungspaket gehören auch abwechslungsreiche Freizeitgestaltungsmöglichkeiten, die wir unseren Mitarbeitern anbieten. Jeder sollte von diesem Gesundheits- und Fitneßprogramm Gebrauch machen

…und auf den betriebseigenen Anlagen regelmäßig Sport treiben. Dies bietet zudem die Chance persönlicher Kontakte zwischen Firmenleitung und Belegschaft.

92 · SOZIALLEISTUNGEN

Der alljährliche Betriebsausflug trägt wesentlich zu dem familiären Klima bei, das in unserer Firma herrscht.

Auch regelmäßige Wochenendausflüge ins Grüne bringen eine willkommene Abwechslung in den Alltagstrott.

Ob Sie nun von Beginn an bei uns waren oder erst mit dem heutigen Tag bei uns eintreten: Wir wünschen Ihnen viel Erfolg für Ihre Karriere sowie Glück und Zufriedenheit in unserer Firma.